SATYRE PHILOSOPHIQUE,

POLITIQUE,

LITTÉRAIRE ET DESCRIPTIVE,

IMPROVISÉE EN DOUZE HEURES,

SANS PLAN NI CANEVAS,

Par Guiot (de Pontille),

PEINTRE D'HISTOIRE

ET EX-PROFESSEUR DE DESSIN AU COLLÉGE DE SAINT-ACHEUL.

Dédiée aux Electeurs français.

PARIS,
CHEZ DENTU, LIBRAIRE, AU PALAIS-ROYAL,
ET CHEZ LES AUTRES LIBRAIRES MARCHANDS DE NOUVEAUTÉS.

1831.

SATYRE
PHILOSOPHIQUE,
POLITIQUE,
LITTÉRAIRE ET DESCRIPTIVE.

AMIENS. IMPRIMERIE DE CARON-VITET.

SATYRE

PHILOSOPHIQUE,

POLITIQUE,

LITTÉRAIRE ET DESCRIPTIVE,

IMPROVISÉE EN DOUZE HEURES,

SANS PLAN NI CANEVAS,

Par GUIOT (DE PONTILLE),

PEINTRE D'HISTOIRE

ET EX-PROFESSEUR DE DESSIN AU COLLÉGE DE SAINT-ACHEUL.

Dédiée aux Électeurs Français.

PARIS,

CHEZ DENTU, LIBRAIRE, AU PALAIS-ROYAL,

ET CHEZ LES AUTRES LIBRAIRES MARCHANDS DE NOUVEAUTÉS.

1831.

Les Exemplaires voulus par les Lois ont été déposés.

PRÉFACE

DE L'AUTEUR.

Excepté deux cent cinquante vers que j'ai supprimés, comme pouvant froisser l'orgueilleuse sensibilité de quelques nouvelles créatures que les trois journées révolutionnaires ont élevées au pouvoir, cette Satyre est telle qu'elle fut écrite en douze heures ; c'est-à-dire, sans changements, corrections, ni transposition, comme il est facile de s'en apercevoir par l'inégalité du style et l'incohérence des pensées qui caractérisent cet improviste.

Quant aux lignes ponctuées qui se rencontrent dans la composition typographique de cette Brochure, elles indiquent les différents endroits qu'occupaient les vers supprimés et les lacunes ou sens interrompu qu'a nécessité cette suppression. Plus tard je reverrai cette Satyre à tête reposée, j'en corrigerai le style le mieux qu'il me sera possible ; puis je la joindrai au premier Ouvrage que je publierai, en faisant connaître aux lecteurs les raisons personnelles qui m'obligent à la publier aujourd'hui telle qu'elle fut écrite en douze heures.

SATYRE
PHILOSOPHIQUE,
POLITIQUE,
LITTÉRAIRE ET DESCRIPTIVE,

IMPROVISÉE EN DOUZE HEURES.

Oui, le méchant triomphe, et le juste exilé
Ne voit pour le défendre aucun ami zélé ;
Il semble que la terre abandonne sa cause,
Et qu'à parler pour lui le Ciel même s'oppose :
Cependant il sourit ! et, chrétien généreux,
Pour l'ingrat qui l'opprime importune les cieux.

Il voit sur l'horizon s'assembler les orages,
Et les feux de l'éther sillonner les nuages;
Il voit l'astre des nuits, il voit l'astre du jour,
Dans leur orbe d'azur s'éclipser tour à tour;
Enfin, dans nos vallons l'airain se fait entendre,
Et la mort inflexible en vain se fait comprendre :
Rien ne peut l'émouvoir, rien ne peut l'ébranler,
Il est imperturbable au plus fort du danger.

Qui peut donc lui donner cette noble constance ?
C'est, et n'en doutons pas, c'est la seule Innocence :
Cette fille des cieux, que forma l'Eternel,
Pour habiter un jour le séjour immortel;
La même que l'on vit sur les rives du Rhône,
Abreuver de son sang les nymphes de la Saône;
Lorsqu'un dieu [1] de l'enfer apparut en ces lieux,
Pour forcer les chrétiens de sacrifier aux dieux :
Et sous un dieu semblable, appelé Robespierre [2]
Que vomit dans Paris le génie de la guerre,
On la revit encor, bravant les échafauds,
La déesse *Raison*, Marat et ses bourreaux,

PHILOSOPHIQUE.

Confesser Jésus-Christ, caché sous l'apparence
De notre humanité et de son indigence !......

L'Innocence est aimable et ressemble aux vrais dieux,
Et quoiqu'elle soit seule on en reconnaît deux :
L'une de la matière est l'image ostensible,
Et l'autre de l'esprit est l'image sensible,
Réfléchit dans ses traits les traits du Créateur,
Et des Saints qu'elle fit la céleste splendeur ;
Mais du maudit péché.... terrible catastrophe !
L'autre arrache des pleurs à l'homme philosophe ;
Il frémit en songeant que cet état moral,
Est tout proche voisin du plus vil animal.

Puis souvent les humains, enfans de l'ignorance,
Confondent la vraie fourbe avecque l'innocence,
Moi-même je conviens que l'on peut s'y tromper ;
Mais un mortel adroit la sait bien distinguer,
Il sait la reconnaître à son noble visage
Rayonnant de vertu, d'orgueil et de courage,
Tandis que la dernière a je ne sais quoi d'affreux
Qui révolte l'esprit et qui choque les yeux.

La cherchez pas non plus sous cet air flegmatique,
Que bien souvent nous cache un esprit diabolique,
Ni sous ce front aimable orné de mille atours,
Que charme les amants et trompe les amours.
Bien souvent une belle, afin de se produire,
Sous cet air séducteur sait très-bien nous séduire.

Vous qui la voulez voir, examinez-la bien,
La vérité l'amène et la tient par la main ;
Mais !... que vois-je à côté, n'est-ce pas leur amie ?
Oh ! non certainement, car c'est la calomnie,
Cette terrible mégère, épouse de Satan,
Et de la vérité le plus cruel tyran ;
Celle qui, de l'enfer alimente les flammes,
En jettant dans ses feux une infinité d'âmes.
Eh ! voyez ce visage où siège le dépit,
Elle nous voit paraître, elle va changer d'habit,
Et change quelquefois de langage et d'allure,
Pour cacher aux mortels son horrible imposture ;
De l'aimable vertu prend le casque d'airain,
S'introduit chez les rois le poignard à la main,

Les caresse d'abord et leur fait bonne mine,
Et plus tard les égorge, ou bien les guillotine : [3]
Du noir séjour des morts arrache avec les dents,
De leurs nobles aïeux les restes palpitans,
Les traîne sur ses pas, les jette sur la dure,
En nourrit des forêts la république impure.

C'est ainsi que ce monstre, aux champs de S.-Denis, [4]
Déshonorait la France en profanant les lys,
Quand du sacré séjour, armé de son tonnerre,
L'auguste vérité descendit sur la terre ;
Alors, de ses beaux yeux un rayon de clarté
Part, atteint aussitôt la sombre obscurité.
La calomnie le vit, et baissant ses yeux sombres,
Frémit et disparut dans le séjour des ombres ;
Et d'un dart flamboyant, jusqu'au fond des enfers,
Thémis la poursuivit et la chargea de fers.
Là, sous le bronze ardent qui comprimait sa rage,
Le front couvert encor de sang et de carnage,
Et troublant de ces lieux les terribles échos,
A Satan qui l'écoute elle adresse ces mots :

SATYRE

« O Roi de cet empire, écoute ton ministre,
» Le plus noir des démons, comme le plus sinistre ;
» Celui dont la fureur alluma les enfers,
» Et nourrit leurs brasiers des fils de l'univers :
» Celui qui, pour te plaire et servir ta vengeance,
» Fait triompher le crime et gémir l'innocence :
» Illustre souverain, protecteur des forfaits,
» Si j'ai servi ta haine et célébré tes faits,
» Si ma bouche infernale a soufflé l'imposture,
» Noirci de son venin la vertu la plus pure ;
» Si par elle l'Europe a bu le sang des rois,
» Et fait tomber un trône où florissaient ses lois ;
» Enfin, si des français ont fait gémir la France,
» En versant sans pitié le sang de l'innocence ;
» C'était, n'en doute pas, pour servir tes desseins,
» Que j'armais le courroux de ces vils assassins.
» Oui, Satan, c'est pour toi que j'armais ces perfides,
» Que j'armais ces tyrans, ces tyrans régicides
» Qui, traficants d'opprobre avec leurs ennemis,
» Trahirent à la fois l'honneur et leur pays !...

» Si j'ai tant fait pour toi, que ne dois-tu pas faire
» Pour m'ôter de ces lieux où je ne puis rien faire !
» Viens donc m'en délivrer; oui, viens, mon cher époux,
» Le Ciel qui m'y retient insulte à ton courroux ;
» Il sait bien que sans moi, Satan, ni la discorde,
» Ne pourront de la terre éloigner la concorde. »
  Après cet argument sans suite ni raison,
Satan prit la parole et réplique au Démon :
« En écoutant ta voix, je reconnais bien celle
» Qui peupla cet empir pour ma gloire éternelle,
» Qui releva mon front de ce bandeau royal,
» Et soutient dans ma main le pouvoir infernal;
» Oui, je sais que sans toi, ce brillant diadême,
» De mon front orgueilleux, tomberait de lui-même.
» Mais je sais bien aussi, que si je t'écoutais,
» Au rang des rois déchus bientôt je me verrais,
» De ces rois malheureux, qui par trop de faiblesse,
» Qui par trop de bonté, ou par trop de bassesse,
» De ces rois sans pouvoir, ou rois sans royauté,
» Sont enfin descendus par ta déloyauté ;

» Lorsqu'irritée contre eux, tu sus, pour les détruire,
» Rogner entre leurs mains le sceptre de l'empire.
» Leurs malheurs m'ont appris, ô Fille des enfers ;
» A mépriser tes pleurs et tes conseils pervers.
. . . .
. . . .

» Je sais que c'est pour moi, pour ma gloire éternelle,
» Que ta voix sophistique et pestilentielle
» Nourrit de son venin ce parti dangereux
» Que l'on voit dans la France insulter aux vrais dieux,
» Et que pour assouvir sa rage destructive,
» N'attend plus qu'un signal pour prendre l'offensive.
» J'approuve tout cela ; quoique le temps soit loin,
» Où l'on doit des bourreaux revoir ce pâle essaim,
» Que l'on voyait naguère égorger l'innocence,
» Ravager, incendier les cités de la France,
» Il faut que quelque roi, sujet des factions,
» Ramène ce grand jour par des concessions ;
» Je sais qu'on y travaille et même sans relâche,
» Et qu'il t'est réservé d'en terminer la tâche.....

» Console-toi, ma mie, attends cet heureux jour
» Que l'obscurité cache à ton ardent amour.....
» Veux-tu l'apercevoir; éteignons la lumière,
» Tiens, vois de ce grand jour la pâle avant-coursière;
» Déjà son crépuscule a coloré Paris,
» Où tout dort, excepté nos agens réunis.....
» Les vois-tu, les vois-tu, s'agitant dans les ombres,
» Dérober leurs complots sous des sophismes sombres?
» Chut! Ne les troublons pas, laissons-les travailler,
» La France veut dormir, laissons-la sommeiller;
» Vas, bientôt, oui, bientôt, le tonnerre et l'orage
» Descilleront ses yeux que le sommeil ombrage !.. »
   La mégère à ces mots sent au fond de son cœur
Tressaillir l'espérance ainsi que la fureur.
« C'est fort bien! se dit-elle, allons, prenons courage,
» Car bientôt je pourrai me rougir de carnage,
» Et, dans le sang des rois, laver ce triste affront,
» Que la justice osa m'imprimer sur le front ».
   Elle dit; se rasseoit dans la flamme irritante,
Que nourrit du péché l'haleine dévorante;

Là, dans ces feux vengeurs qui lui rongent le sein,
Elle attend en grondant les arrêts du destin.

Mais sitôt que le monde, instruit par mille exemples,
Voulut du Dieu des cieux reconstruire les temples
Que cette hydre naguère avait su renverser,
Dévaster, démolir aussi bien qu'embraser,
Elle ne songea plus qu'à retourner encore
Se repaître de sang dont son front se colore.
« Quoi ! dit-elle, une race asservie sous ma loi
» Offrirait son encens à d'autres dieux qu'à moi !
» Et je le souffrirais ! Quelle erreur de le croire....
» Ah! je sais beaucoup mieux prendre soin de ma gloire.
» Oui, je vais, ô Thémis ! oui, je vais de ces feux,
» Triompher malgré toi, le destin et les dieux.
» Oui, je retournerai sur ces bords où la vie,
» Retient l'humanité sous son joug asservie,
» Et c'est là que ma rage.... Oh, mortels, frémissez !
» Ma fureur est extrême.... Oui, tremblez, pâlissez,
» Race que dans ce jour provoque ma vengeance;
» Vas, mon supplice expire et le tien recommence.

PHILOSOPHIQUE.

   Elle dit, aussitôt exhale de son flanc
Une épaisse fumée entremêlée de sang :
Puis, saisissant ses liens, ronge, lime et relime
Le bronze qui l'enchaîne et le fer qui l'opprime.
L'on entend sous ses dents l'airain diminuer,
Le bronze s'affaiblir et le fer se briser ;
La haine et la vengeance enflamment son courage,
Multiplient ses efforts et redoublent sa rage.
Enfin elle triomphe, et l'écho des enfers
Mille fois le redit à mille échos divers.

   Aussitôt de serpens hérissant sa crinière,
Franchit le noir cahos, revint à la lumière ;
Et, d'un air irrité, bravant les immortels,
Du culte aboli releva les autels :
Prit pour les desservir un sacerdoce impie,
Caché sous le manteau de la philantropie ; [5]
Et comme la lumière indispose ses yeux,
Elle choisit pour temple un antre ténébreux.
Là, ne reluit jamais qu'une clarté fatale,
Que répand faiblement une torche infernale

Enfoncée sous un roc bizarrement taillé ;
Ici se voit un sphynx presque tout mutilé,
Plus loin est un objet représentant un homme,
Les yeux couleur de feu, le teint je ne sais comme.
Dans un lointain obscur, l'on voit ou l'on croit voir
Des spectres effrayans, s'agiter, se mouvoir,
Marcher, se disperser, réunir leur cohorte....
Attendez, j'oubliais !... Commençons par la porte.

D'abord l'on aperçoit en entrant dans ces lieux,
Placé sur un côté et veillant sur les deux,
Un spectre dont la taille afflige la nature
Bien moins par sa rondeur que par sa stature,
Car ses flancs resserrés, comprimant leurs ressorts,
En élastique impur allongent son grand corps,
Et souvent de la terre, élèvent dans la nue
De ce monstre d'horreur la tête à demi-nue ;
Il étend ses longs bras sur ce vaste univers,
Et son souffle ternit le bel azur des airs.
Ce monstre est des démons le plus épouvantable,
Le plus digne d'horreur et le plus exécrable ;

L'érèbe et le cahos ne pourraient engendrer
Un spectre plus affreux, plus digne d'effrayer.
Il est trois fois horrible, et se nomme Mensonge ;
Un dragon affamé le dévore et le ronge ;
Mais jamais il ne meurt, et son astre ennemi
Le retient en ces lieux pour en être l'appui.
Tout s'y fait par son ordre, et c'est lui qui décide
Au conseil infernal qu'en ces lieux il préside ;
Oui, c'est là que ce monstre, ennemi des mortels,
A l'horrible déesse érigea des autels ;
Là, sous la poudre d'or que lui fournit la feinte,
Dérobe de son sceau la meurtrière empreinte,
Que l'ignoble vulgaire, en sa crédulité,
Reconnaît pour celui de l'authenticité.

En avançant d'un pas l'on trouve réunies,
Mégère et ses deux sœurs caressant leurs génies.
La vengeance est auprès assise sur un roc,
Revêtue d'un manteau fait en forme de froc ;
Un bourlet de serpens couronne son visage
Tout humide de sang et frémissant de rage ;

Ses yeux louches et roux paraissent se fixer
Sur des crânes de morts que son génie altier
Ecrase sous ses pieds, et jette à l'aventure
Sous les concavités de cette voûte obscure.

Cet homicide enfant épouvante d'horreur,
L'on ne peut sans frémir contempler sa laideur;
Son regard est farouche, et sa bouche écumante
Exhale un cri de mort qui glace d'épouvante.
Son front est inégal, son menton est pointu,
Sa stature est petite et son dos très-crochu;
Son nez est évasé, son teint pâle et livide
Dit assez que ce monstre est un monstre homicide.

Dans un renfoncement, sous un affreux rocher,
L'on aperçoit dans l'ombre une onde circuler
A travers des roseaux aussi noirs que l'ébène,
Et sur un lit de fange, où près d'une centaine
De gouffres affamés conduisent aux enfers,
De ce fleuve infernal les tourbillons pervers.
Je crois c'est l'oubli, dont l'onde abominable
Arrose de ses flots cette rive exécrable,

Où l'on voit circuler sur un gazon fangeux
De souverains sans gloire un essaim malheureux;
Rois qui par leur faiblesse ou bien leur despotisme,
Un sordide intérêt qu'on appelle égoïsme,
Ont, au gré des humains, descendu sur ces bords
Qu'avoisine de près le noir séjour des morts.

  C'est là que du destin les décrets immobiles
Font passer sans retour ces majestés fragiles,
Non pas pour y noyer, comme font leurs sujets,
Du passé qui n'est plus les souvenirs inquiets :
Car toujours le passé présent à leur mémoire,
Du bien qu'ils ont omis, leur retrace l'histoire;
Mais c'est pour y souffrir pendant l'éternité
L'équivalent des maux que causa leur bonté....
Car ne crois pas, ami, comme le sot vulgaire,
Que la bonté des Rois soit toujours nécessaire;
Il est quelques instans, par fois trop rigoureux,
Où leur sévérité est agréable aux cieux,
Surtout quand des méchans le génie inflexible
Méconnaît du pouvoir le droit imprescriptible.... 6

Imprescriptible ?.... Oh ! oh ! ce mot n'est pas légal ;
Biffes-le vîte !... Non, dut-il m'être fatal !
Dussé-je, contre moi, voir s'armer l'égoïsme,
Et de certains journaux le hideux fanatisme ;
Je dirai, redirai que le sceptre des rois
Fut envoyé des cieux pour nous donner des lois,
Et qu'il ne peut jamais, quoiqu'on puisse en dire,
Lorsqu'il est partagé ne pas troubler l'empire.

Je ne veux pas non plus qu'un mortel orgueilleux
Oublie, en gouvernant, qu'il est sujet des dieux ;
Car le roi qui gouverne est gouverné lui-même
Par une volonté absolue et suprême ; 7
Et si j'osais le dire !... Eh ! ma foi, disons-le,
Qu'un bon gouvernement fut toujours modelé
Sur celui par qui tout, oui, tout dans la nature
Avec ordre se meut et marche sans rupture.

C'est sur ce beau modèle, invisible à nos yeux,
Que Titus et Trajan, ces mortels demi-dieux,
Dont les noms révérés, recueillis par l'histoire,
Passeront d'âge en âge éblouissant de gloire,

Ont, si je ne me trompe, afin de bien régner,
Etudié ce grand art qu'il faut pour gouverner ;
Et si l'on ne vit pas, sous ces deux rois de Rome,
Violer comme aujourd'hui les droits sacrés de l'homme,
C'est que l'on ne put voir, comme aujourd'hui je vois,
Déshonorer le trône en gouvernant les rois....
Le roi gouvernait seul, en s'appuyant sans doute
Sur ce sage conseil qu'un novateur redoute ;
Mais jamais ne souffrit que ce conseil régna,
Le devant gouverner, toujours le gouverna.

Cependant que d'heureux dans ces jours de clémence !
Tout respirait la paix que donne la prudence,
Tandis que de nos jours, l'esprit de faction,
Sème partout le trouble et la division....

A l'exemple de Rome on voyait les provinces
Sacrifier au bonheur courtisan de leurs princes,
Mais jamais l'impiété d'un esprit contempteur
Osa contre les dieux déchaîner sa fureur ;
Tandis que maintenant, levant sa tête altière,
Il insulte à celui qui créa la matière,

Emousse de Thémis le glaive protecteur,
Sur la faible innocence exerce sa fureur,
Enerve le pouvoir, se rit de sa faiblesse,
Et, pour le mieux tromper, l'insulte ou le caresse.

Quittant ce lieu sauvage et suivant le chemin
Qui conduit jusqu'au fond de ce noir souterrain,
L'on rencontre partout des spectres effroyables,
Des serpens vénimeux, des génies exécrables,
Des monstres dont la gueule exhale une odeur
Qui glisse au fond de l'âme une sombre vapeur ;
Leur air est menaçant, et leur allure hautaine,
Leurs yeux couleur de feu, leur teint couleur d'ébène,
Leurs cheveux hérissés, leurs dents en un seul rang,
Dégouttent une écume entremêlée de sang.

Mais ce qui rend ces lieux plus effrayans encore,
C'est qu'on entend par fois un bruit rauque et sonore,
Que la voûte en tremblant redit à son échos,
Lequel bientôt le porte au fond du noir cahos ;
Puis le calme renaît, puis ce bruit recommence,
Et celui qui l'entend trébuche en défaillance.

S'il recouvre les sens et qu'il chemine encor,
Il rencontre bientôt un monstre à langue d'or :
Sa voix emblématique est rauque ou doucereuse,
Sa logique infernale est assez dangereuse
Aux bénets de nos jours, dont la crédulité
Semble s'enorgueillir de sa majorité.

Le monstre en question est appelé sophisme,
Ses yeux ne sont pas beaux; la main de l'estrabisme,
N'a pu les aligner que sur deux ou trois plans ;
L'un regarde en dehors et puis l'autre en dedans ;
Si l'un regarde en haut, l'autre voit dans la poussière,
Si l'un se tient fermé, l'autre voit lumière.
Sa bouche est de travers, son nez trop aquilin,
Son menton recourbé est encor plus vilain;
Enfin ce monstre horrible a de diabolique
Un certain je ne sais que jamais l'on explique :
Ce qu'il dit a deux sens, et par ce beau jargon,
Quand on croit qu'il dit oui, c'est alors qu'il dit non.
Voilà ce qu'à nos yeux une torche mourante
Développe en entrant sous cette voûte effrayante;

Mais cela n'est vraiment qu'un très faible aperçu
De tout ce qui se voit dans ce lieu défendu ;
Là, dans l'obscurité, de longs serpens de flamme,
S'exhalant quelquefois de ce rocher infâme,
Eblouissant les yeux, et plus prompts que l'éclair,
S'envolent aussitôt au vaste sein de l'air.

   A tous ces feux follets qu'enfante la nature,
Succède avec fracas une grande ombre obscure
Qui, de son crêpe noir, enveloppe ces lieux ;
Alors on ne voit plus dans ce lieu ténébreux
Qu'une confusion de fantômes et d'ombres,
Circuler par essaim dessous ces antres sombres,
Et rappeler aux yeux ces fantômes divers
Qu'autrefois vit Enée au séjour des enfers.

   Par exemple, un fantôme au teint pâle et livide,
Représente Gorgone, et Dydon la suicide ;
Achille, ou bien Pyrrhus, tenant encore en main
Le symbole effrayant de leur cœur inhumain.
Près d'eux se voit Phorbas, Ixion, Palynure,
Et l'infâme Cinis, l'horreur de la nature.

Belphégor et Titan, Paris et Céléno,
L'invincible Ocypède et la noire Aëllo,
La mort est auprès d'eux qui sourit et qui glose,
Le repentir est là, plus loin est autre chose....
 Tenez, pour abréger, venez, nous irons voir
Le sombre intérieur de cet affreux manoir :
Oui, venez, suivez-moi; d'ici j'en vois la porte,
Où veille des enfers toujours une cohorte;
Venez, voici, je crois, le chemin qui conduit
Jusqu'au portique affreux de cet affreux réduit;
Tenez, nous y voilà. Voici son pérystile,
Qui, comme vous voyez, n'est pas d'un fort beau style.
 Entrons, allons, venez, pénétrons jusqu'au fond
De ce temple infernal, obscur et très-profond,
Peut-être y verrons-nous encor quelqu'autre chose,
Soit couleur de charbon ou bien couleur de rose....
Oh ! qu'il y fait obscur !... Allons, venez, venez;
Mais, que vois-je déjà ? ciel, quel monstre à long nez !
Quelles jambes, quels bras, quel corps et quelle bouche !
Comme son allure est fière et son regard farouche !

Comme sa tête infernale est couronnée de feux ;
Voyez comme il en sort de ses naseaux affreux !
Enfin, examinez cette figure maigre....
Sa gueule épouvantable exhale une voix aigre
Qui me fait tressaillir !... Il se tait : Approchons....
Allons, venez, venez.... Non, ami, reculons....
Enfin que craignez-vous ? avançons donc, vous dis-je,
Quel danger nous menace ? En effet, quel prodige....,
Quel changement subit... Oh ! séjour plein d'horreur !
Oh ! séjour infernal !.. Quels bruits, quelles clameurs !
Quels tourbillons de feux, quels tourbillons de flammes
Sortent des flancs obscurs de ces rochers infâmes...

Oh ! de la calomnie, oui, c'est là le séjour,
Oui, c'est là que ce monstre a son trône et sa cour...
La voyez-vous là-bas, sous ce rocher sauvage,
Hérissée de serpens et frémissant de rage....
Enfin, la voyez-vous ? C'est elle que l'on voit
Sur un trône sans base aussi bien que sans toit ;
Elle est au milieu d'un essaim de furies,
De dragons hérissés et de mauvais génies.

Oh! quelle hydre effroyable! oh! quel monstre d'horreur!
Son aspect m'épouvante et me glace de peur....
Mais... que vois-je à sa droite?.. Ami, c'est son ministre.
La discorde est son nom ; c'est ce monstre sinistre
Que l'érèbe en tremblant vit sortir de son sein,
Armée de feux, de flamme et du fer assassin.
L'on dit qu'à son aspect le Dieu de la lumière
Arrêta ses coursiers lancés dans la carrière,
Que la terre trembla, que la voûte des cieux
Se couvrit aussitôt d'un voile ténébreux...
Mais laissons-là ces faits dont le récit épâme,
Et promenons nos yeux sous cette infâme :
Surtout cachons-nous bien, car tous ces grands camards
Ont l'allure et les traits de beaux et bons mouchards.
Je sais dans ces lieux!... j'en vois un qui s'approche...
Vîte, venez, venez, derrière cette roche ;
Elle est percée d'un trou donnant sur ce manoir,
Venez, sans être vus nous y pourrons tous voir.

Ça, nous sommes cachés ; examinons le trône,
Dont la forme, je crois, ressemble assez au cône ;

Voyons ce qui soutient ce trône monstrueux,
Si c'est quelque mortel, ou bien la main des dieux.
Je vois quelqu'un dessous, tout faisant la grimace,
Se chantournant le nez ou se ridant la face,
Fort bien représenter, lorsqu'il étend les bras,
Le support de l'Olympe, ou l'invincible Atlas;
Serait-il donc aussi !... Mais non, cet air vulgaire
Ressuscite à mes yeux le cynique Voltaire; [8]
Oh! c'est bien là son front, déhonté et vilain....
Je le crois à côté de monsieur Larétain.

Près de ces détracteurs de différente époque,
Figurent d'Alembert, Tindal et Bolingbroke,
Rénal l'historien, Luther le novateur,
Collius l'insidieux, Calvin l'imposteur,
Pélage [9] l'idiot, Wiclef le sophistique,
Galilée l'astronome, et Piron le cynique,
Gottengue, (philosophe au très-petit cerveau,)
Le célèbre Adisson et Jean-Jacques Rousseau;
Puis je crois que l'on peut allonger cette strophe
Des noms de Spinosa qui s'est cru philosophe,

Et de Satesbury leur collaborateur,
Qui fut des grands pensans le plus libre *penseur;*
Enfin d'Abénéra, Cajétan et tant d'autres,
Aussi bons écrivains que très-mauvais apôtres.

Ajoutez-y Sodoc, Dénis et Valaston,
Magan, Antigonus, Sénèque et Cicéron;
Licurgue et Juvénal, Daris le politique,
Boulanger le sophiste et Prad le fanatique;
Diogène et Caton, Mazaris l'imposteur,
Despreaux le crédule et Bouours le menteur,
Héraclius, Phorbas, d'Argençon le déïste;
Monsieur de Cosmoore et Franklin l'égoïste;
Dulcis et Marmouthiers, Praër le charlatan,
Puis le célèbre auteur du célèbre Alcoran....

J'en vois encore deux dessous cette machine,
Se plier, se courber, allonger leur échine,
Prêter, pour soutenir ce grand trône infernal,
Avec leurs pieds, leurs mains, leur dossier vertébral;
Mais je ne pourrais dire avec toute assurance
Quel nom on leur donna quand ils prirent naissance;

L'un, quoique sans noblesse, est petit noblion,
Et l'autre de Caumus est petit-fils, dit-on !...
Tout ce dont je suis sûr, c'est que l'un sans culotte, 10
A plus de mille fois fait rougir la marotte....

Celui qu'on voit à gauche est Benjamin Constant,
Ce terrible orateur que l'on croit éloquent ;
Pour moi je suis encore à mon abécédaire ;
Je partageais déjà ce préjugé vulgaire,
Quand l'éloquent Bossuet, j'ignore à quel dessein,
Vint toiser à mes yeux le petit Benjamin ;
Alors, seulement alors !... mes yeux se dessilèrent,
Et mes sens égarés soudain se retrouvèrent ;
Je vis, mais pour mieux voir je débrouille mes cils,
J'ajuste ma paupière et fronce mes sourcils,
Puis, pas à petit pas, je m'approche en silence,
Pour lorgner de plus près ces orateurs de France,
Et près d'eux arrivé, j'ajuste Benjamin
Qui, près du grand Bossuet n'était qu'un petit nain !
Vraiment ce n'était plus, auprès de ce grand homme,
Qu'un petit mirmidon pas plus haut qu'une pomme,

Qu'un très-petit pygmée, oh! quel petit garçon !
C'était un vrai Laffitte auprès d'un Cicéron.

Je crois qu'en cherchant bien dessous ce même trône,
Nos yeux verront aussi Casimir que l'on prône ;
Cherchons-le donc à gauche, ici plus loin, là-bas...
Oh! Tiens, tiens, le vois-tu ce faiseur d'embarras ?
Comme il remue ses pieds, comme il secoue la tête ;
Tant d'éloquence, ami, n'est pas dans une bête !

Celui qu'on voit auprès si bien se disloquer,
Frapper des pieds, des mains, parler, toujours parler,
Se froncer le sourcil, se trousser la moustache,
Et qui de temps en temps, rit, pleure, mouche et crache;
C'est l'avocat Dupin, ce roi des avocats,
Qui serait plus fameux s'il ne composait pas.

Mais quant à ce petit, très-petit personnage,
Que nous voyons tout seul faire un petit tapage ;
Tu dois le reconnaître à son teint bilieux,
A son front tout fleuri de gros boutons galeux :
Examine-le bien avec ton microscope ;
Hé puis, le connais-tu ce petit misanthrope....

Tu ne le connais pas! Hé bien! connais-le donc,
Tu le vois ce petit, plier son petit tronc,
Lever ses petits bras et sa petite tête,
C'est de la Roche-Arnault, cette petite bête,
Qui pour se faire un nom, ou plutôt un métier,
Griffonne dans un jour six rames de papier,
Où la vertu qu'il hait, reçoit à chaque page,
Un grand coup de galoche au centre du visage.

Quant à ces remailleurs au cerveau dépourvu,
Que nous voyons encor plier leur dos crochu,
Parler, gesticuler, se frapper la cervelle,
Pour maudir Peyronnet, noircir de Villèle;
Ce sont deux petits fous, deux auteurs ennuyeux,
Deux fabricans de vers, de vers six fois verreux.

L'on m'a dit bien souvent, que des dieux homicides,
Figuraient quelquefois parmi ces atlantides;
Ami, cherchons-les donc, je voudrais bien les voir,
Examine leur front, leur air sinistre et noir;
L'on y voit, m'a-t-on dit, tous ceux du paganisme,
Et même quelques-uns du froid protestantisme :

Par exemple, Henri huit, ce tyran potentat,
Y figure à côté de Julien l'apostat ;
Puis, un autre tyran qu'enfanta l'Angleterre,
Pour affliger le monde et dépeupler la terre ;
Elizabeth enfin, la honte d'Albion,
Est encor sous ce trône auprès de Woolton.
 Là, se voient Phalaris, Néron l'antropophage,
Prognée l'infanticide et Tibère le sauvage ;
Marius, les Tarquins, Mythrydate et Sylla,
La belle Cléopâtre avec Caraccalla.
Quelques mauvais chrétiens que damne l'Evangile,
Tel qu'un duc d'......, Charles neuf l'imbécile.
Charles-le-Téméraire, infâme bourguignon,
Qui vendit sa patrie aux enfans d'Albion.
. . . .
. . . .
 Là, sont tous ces héros de hideuse mémoire,
Qui trahirent l'honneur pour vivre dans l'histoire ;
Tel qu'un de Pichégru, Duhoux, Collo-d'Herbois ;
Le noir Billaud-Varenne et puis Crancé-Dubois ;

Lestrange et Danican, Vécuzac et Barrère,
Duroy le terroriste, et Merlin [12] son confrère;
Robespierre et Marat, Danton le montagnard,
Jagot, Boissy-d'Anglas et Ferraux le mouchard;
Puis Richer l'orateur, puis Chénier le poëte,
Et puis un général nommé de Lafayette;
Puis le maréchal Ney qui plus ne trahira,
Et puis..., et puis..., et puis..., et puis? *et cœtera...*

NOTES
DE L'AUTEUR.

₁ Lorsqu'un dieu de l'enfer apparut en ces lieux.

Je sais que cette sanglante persécution eut lieu sous le règne et par les ordres de l'empereur Trajan, mais j'ignore le nom du préfet qui fut chargé d'exécuter les ordres barbares de cet empereur. Si nous en croyons l'histoire, la persécution fut horrible, et prouve jusqu'à quel dégré de barbarie le froid égoïsme de la philosophie peut conduire l'homme qui ne voit dans son semblable qu'un assemblage fortuit de matières débiles que le hasard a réunies, et que le hasard divisera pour les faire rentrer dans le néant.

₂ Et sous un dieu semblable appelé Robespierre.

De tous les assassinats commis sous l'influence et par les ordres des brigands qui désolèrent la France sous le régime de la terreur, le plus exécrable à mes yeux, et qui donnera aux siècles futurs une plus juste idée du caractère féroce de ces hommes de carnage, fut sans contredit celui commis dans l'église des Carmes, sur une centaine de prêtres qui n'avaient commis d'autres crimes que celui d'écouter la voix de leur conscience, en demeurant fidèles au serment qu'ils avaient juré à leur Dieu.

Les bourreaux, dit M. de la Cretelle, reculèrent d'horreur à l'aspect du forfait qu'ils allaient commettre ; mais bientôt se roidissant contre le cri de la nature, un scélérat, plus scélérat que les autres, s'avance, un couteau à la main, et s'adressant à l'évêque d'Aix, lui dit d'un air foudroyant : C'est donc toi, misérable, qui fit assassiner les patriotes d'Aix ? — Moi ? répliqua l'évêque ; mon ami, je n'ai jamais fait de mal à personne. — Ah ! tu n'as jamais fait de mal à personne ; eh bien ! moi je vais t'en faire........ Aussitôt le respectable vieillard tomba sous les coups de son vil assassin, et sa mort fut le signal du plus horrible des forfaits qui aient couvert d'un opprobre éternel les monstres enfantés par le philosophisme du dix-huitième siècle, et qui, pour l'honneur de la France et le bien-être de l'humanité, n'auraient jamais dû sortir du néant.

3 Et plus tard les égorge ou bien les guillotine.

Allusion à la mort de Louis XVI. Les personnes qui ont lu l'histoire de notre révolution savent que les héros de cette désastreuse époque inventèrent et débitèrent les plus infâmes calomnies pour indisposer la nation française contre le roi et la famille royale, que ces bruits diffamatoires s'étaient tellement accrédités dans l'esprit du peuple, qu'il n'était pas permis de manifester publiquement quelque doute sur leur authenticité, sans s'exposer à l'emprisonnement et même à la mort.

Mais le temps qui éclaire toute chose nous a démontré que tout ce que l'on a dit et publié sur le compte de Louis XVI et de sa famille infortunée, n'avait d'autre fondement que l'insigne mauvaise foi de leurs détracteurs et la stupide crédulité d'une populace toujours facile à induire en erreur.

Ce que le temps nous a démontré touchant l'innocence du roi martyr, il le démontrera un jour à l'égard de ceux de sa famille que l'on persécute. En effet, sur quelle base reposent toutes ces allégations diffamatoires que la presse périodique publie chaque jour contre cette famille infortunée, si ce n'est sur l'insigne mauvaise foi de quelques écrivains, et sur la bonhommie des lecteurs, qui veulent bien prendre pour vérité authentique ce qui n'est que le fruit d'une logique astucieuse.

Le journalisme, qui s'attribue à juste titre l'avantage d'avoir formé l'opinion publique, est tellement parvenu à corrompre cette opinion et à fasciner les yeux d'une nation naturellement généreuse et loyale, que j'ai rencontré, dans différentes classes de la société, des hommes connus par leur modération et leur amour du bien-être social, qui partageaient, à l'égard des véritables victimes des trois journées révolutionnaires, l'opinion affectée de certains journaux. A cette occasion je demandais à quelques-unes de ces personnes qui me parurent les moins traitables, de quel acte oppresseur et tyrannique les *Bourbons* s'étaient rendus coupables depuis près de mille ans qu'ils administraient la France? Cette question les mit fort en peine, et elles furent obligées d'avouer que jamais dynastie ne gouverna plus loyalement, et que tout ce qu'on publiait de désavantageux sur son compte ne reposait que sur des bruits populaires, lesquels n'avaient d'autres principes réels que la savante et astucieuse logique d'une faction désorganisatrice qui semble se faire un mérite d'afficher partout le mensonge et le scandale.

4 *C'est ainsi que ce monstre, aux champs de Saint-Denis.*

Après que le philosophisme du dix-huitième siècle eût préparé la voie au fanatisme révolutionnaire, celui-ci, armé du fer et du feu, se présenta dans l'arène et donna le signal du carnage. Aussitôt la France se couvrit de deuil, de sang et de ruines, et ses fleuves roulèrent dans leurs ondes des miliers de cadavres immolés à la fureur de ce monstre qui, non content d'avoir trempé ses mains impures dans le sang du meilleur des rois, fait tomber la tête de la reine son épouse et mourir leur jeune enfant âgé de dix ans, en exerçant sur ses membres délicats des tortures qui auraient fait tressaillir d'horreur les bourreaux de Néron et de Calligula ; ce monstre, dis-je, avant de mettre le sceau à ses forfaits, voulut donner à l'univers un spectacle qui jusque là lui était inconnu.

Il rassembla donc ses satellites et les dirigea vers le tombeau royal de Saint-Denis ; les portes en furent aussitôt enfoncées, les cercueils brisés, et les restes encore palpitants de cent rois glorieux en sont impitoyablement arrachés, mutilés et traînés à la voierie, pour être, ainsi que des charognes immondes, exposés à la voracité des bêtes féroces.

Voilà l'œuvre du fanatisme révolutionnaire, de ce monstre que préconisent certains hommes du jour, de ce monstre enfin qui, après avoir été chassé ignominieusement de notre belle et malheureuse patrie, y reparaît encore, tenant d'une main le fer assassin, et de l'autre la torche incendiaire ; il n'attend qu'un signal pour agir, et déjà il aurait agi, si des sentinelles incorruptibles, qui veillent au salut de la France, ne signalaient à chaque instant ses mouvemens hostiles et ses intentions perverses.

5 Caché sous le manteau de la philantropie.

La philantropie et la charité chrétienne ont des traits de ressemblance bien capables d'en imposer au gros bon sens de la multitude; elles ont à peu près le même langage, la même stature et remplissent les mêmes fonctions, avec cette différence pourtant que l'une agit pour l'amour d'elle-même, et que l'autre sacrifie ses plus chers intérêts aux intérêts de Dieu et du prochain.

Quant à leur généalogie, elle est aussi distincte que le but qu'elles se proposent dans leurs actions; car la charité chrétienne est fille de la piété et de l'amour de Dieu, et l'autre naquit d'un mariage clandestin, mais indissoluble, contracté entre l'hypocrisie et l'orgueil philosophique.

Mais parlons sans figures et disons que le mot philantropie n'est souvent qu'un mot vide de sens, qu'une expression magique que les tyrans et les novateurs font sonner bien fort pour étourdir la multitude et parvenir sans obstacle à l'accomplissement de leurs sinistres projets; en effet, si nous consultons l'histoire ancienne et moderne, nous verrons que les Phalaris, les Mythridate, les Sylla, les Dioclétien, les Néron, les Tiber, les Décie, les Dantons, les Marat, les Robespierre, et généralement tous ces monstres qui ont affligé et déshonoré la nature humaine, ne prononçaient jamais une sentence de proscription ou de mort, qu'elle ne parût inspirée par la plus grande sollicitude philantropique. Ah! pauvre peuple, s'écriait l'infâme Marat, transporté d'indignation en voyant que le directoire ne voulait pas lui accorder les dix mille têtes qu'il désirait faire tomber, pauvre peuple, qu'il me tarde de te savoir heureux!

Ce cri du fanatisme et de l'hypocrisie révolutionnaire est encore celui que pousse de nos jours cette cohorte d'écrivains factieux qui exploitent, au détriment de l'ordre social, le monopole de la presse périodique. Ecoutez-les, ils vous diront que l'intérêt social est le but réel vers lequel ils aspirent, tandis que leur empressement à profiter des circonstances malheureuses pour assouvir leur haine ou leur ambition, prouve à l'intelligence de quiconque en est pourvue, que ces hommes avilis méprisent toute espèce d'intérêt, excepté celui qui leur est personnel.

6 Méconnaît du pouvoir le droit imprescriptible.

Dans un siècle où l'insurrection est proclamée le plus saint des devoirs, où la religion conservatrice des hommes et des choses est mise au rang des institutions humaines et d'utilité chimérique, où les principes sont confondus et les droits méconnus; dans un siècle enfin, où la plus saine métaphysique est obligée de céder le pas aux idées les plus éphémères, pour ne pas dire les plus dérisoires, et aux combinaisons les plus monstrueuses, pour ne pas dire les plus coupables et subversives à toute espèce d'organisation sociale: j'avouerai qu'il y a plus que de l'audace à publier une telle doctrine.

Cependant, pourvu qu'on veuille y réfléchir, on verra bien que cette doctrine n'est pas une conception émanée de mon cerveau, qu'elle est aussi vieille que le monde, enseignée par tout le monde, et tellement en rapport avec les besoins physiques et moraux de tout le monde, qu'aucun peuple ne s'est avisé de l'exclure entièrement de ses institutions sociales, pas même ceux les plus jaloux de leur indépendance ; j'en appelle à témoignage ces fameux Grecs, Romains et Carthaginois qui, dans leurs lois organiques et institutions républicaines, reconnurent unanimement la dictature, comme seul principe capable de sauver la patrie des dangers auxquels pourraient l'exposer les dissentions politiques. Et l'insatiable cupidité des puissances circonvoisines ; et tout le monde, excepté peut-être quelques diplomates de carrefour et de tabagie, sait très-bien aujourd'hui, que la dictature est en républicanisme, ce que l'absolutisme ou libre arbitre est en monarchie; avec cette différence unique, que ce dernier porte en lui-même un principe vital et conservateur, et que l'autre repose entièrement sur une base vicieuse, désorganisatrice et destructive.

Bonaparte, ce *grand politique*, ce *grand conquérant*, *l'orgueil et la gloire* de la nation française, Bonaparte, dont la chute et la mort prématurée ont tant affligé la France et réjoui l'Europe, Bonaparte, qui, de tous les législateurs français, est peut-être, à la vérité, le seul qui ait compris nos besoins et défini notre caractère national, avait sur cette doctrine vraiment organique, des idées tellement lucides et tellement identiques à celles des plus fameux législateurs du monde, qu'il fît tous ses efforts pour la faire triompher des exigences et concessions auxquellles il fut obligé de souscrire lors de son avènement au trône.

La réponse énergique qu'il fit à une députation factieuse vient à l'appui de ce que j'avance, et prouve que ce grand capitaine comprenait aussi bien les besoins et les droits des peuples que la mission des rois.

---

7 Par une volonté absolue et suprême.

Il est certain que les premiers peuples de la terre basèrent leur législation sur ce principe immuable, que tout pouvoir temporel émane d'un pouvoir qui n'a d'autres limites que celles que lui prescrit le libre arbitre. Ce mode de gouvernement fit et fait encore le bonheur des plus grands peuples de l'univers, notamment celui de la Chine, le plus puissant, le plus prospère et le plus ancien des peuples civilisés. Dire cependant que l'immutabilité de ce vaste empire est une conséquence directe du principe sur lequel il pose, serait, je l'avoue, résoudre une question d'autant plus délicate, qu'elle froisserait la sensibilité de bien des gens de notre époque, et heurterait des préjugés auxquels une infinité de plus beaux génies que le mien ont cru devoir faire le sacrifice de leur propre conviction.

Ainsi, ne voulant pas être plus audacieux que Descartes, et moins servile que Jean-Jacques Rousseau, je termine cette note en disant qu'il faut qu'une législation soit appropriée à l'esprit et aux mœurs du peuple qu'elle doit régir ; car tel mode de gouvernement qui fait le bonheur de tel peuple, peut aussi faire le malheur de tel autre. Ainsi, par exemple, la charte d'Angleterre, sur laquelle la nôtre est à peu près calquée, concilie tous les intérêts et met toutes les nuances en harmonie; tandis que la nôtre ne produit aucun de ces résultats salutaires, et cela parce que l'organisation morale du peuple anglais est à l'organisation morale du peuple français, ce que le cercle est au carré; c'est-à-dire, si diamétralement opposé, qu'il n'y a pas la moindre identité entre l'esprit et les passions de ces deux peuples, les plus célèbres et les plus illustres des peuples modernes.

Le peuple anglais est naturellement calme, judicieux, ennemi des innovations, et n'accueille la nouveauté qu'après l'avoir mûrement examiné. Chez ce peuple, qui mérite à tant d'égard le titre de sage, l'intérêt national ne peut être contrebalancé par aucun intérêt : il n'est pas un citoyen chez cette nation fameuse qui ne soit toujours disposé à faire à sa patrie le sacrifice de ses biens et de sa personne. Il n'en est pas ainsi chez le peuple français, depuis que le philosophisme a corrompu ses mœurs, et que la révolution de 93 a morcelé les propriétés et disséminé les richesses de la France; tout est venal, et l'intérêt personnel, pour ne pas dire le plus sordide et le plus honteux, est maintenant le ressort ou secret instinct qui fait mouvoir la presque totalité de cette nation qui, grâce aux doctrines désorganisatrice et perverses de ses sectaires politiques, voit son auréole s'obscurcir chaque jour, et approcher l'époque où le voyageur, passant sous le ciel de la France, cherchera, mais en vain, ce grand peuple que les annales du monde lui auront désigné comme le plus magnanime, le plus savant et le plus poli des peuples civilisés!....

8 Ressuscite à mes yeux le cynique Voltaire.

Il est d'un honnête homme, d'un loyal citoyen, quels que soient ses principes et ses opinions politiques et religieuses, de sacrifier ses intérêts personnels aux intérêts généraux, et de respecter, si non en réalité, du moins en apparence, ce qui fait l'objet de la vénération des peuples et consolide leur édifice social. Ce principe, aussi sage que philosophique, fut tellement bien défini par les écrivains de l'antiquité, qu'aucun d'eux ne s'en écarta. M. de Voltaire fut à-la-fois moins généreux et plus téméraire; aussi grand égoïste que petit philosophe, et voulant se faire en peu de temps une grande réputation et une brillante fortune, prit, pour arriver à son but, le chemin qui lui parut le plus direct et le plus facile.

La religion qui commande le respect à tout homme de bien, la religion, base de tout édifice social, la religion enfin, qui jusque là avait été respectée, même par les écrivains les plus entreprenans et les plus dissolus, ne le fut pas par M. de Voltaire; elle offrit à son génie haineux et satyrique, une carrière vierge à exploiter, et il l'exploita à son avantage et au détriment de la France et de l'Europe entière. Car le peuple, qui n'est moralement parlant que ce qu'on le fait, n'étant plus retenu par aucun frein, se livra à la plus affreuse effervescence : les droits de l'homme furent méconnus, les liens sociaux se brisèrent, et la France fut inondée de sang et couverte de ruines.

Quant à l'épithète de cynique que je donne à M. de Voltaire, je prie ceux qui la trouveront injuste ou mal appliquée de lire attentivement certaines productions littéraires de cet auteur, notamment sa Pucelle d'Orléans, où le cynisme le plus dégoûtant est prodigué avec une telle profusion, que les personnes les plus immorales ne peuvent lire cet ouvrage sans éprouver une certaine répugnance.

9 Pélage l'idiot, Wiclef le sophistique.

La partie chronologique de cet ouvrage n'a pas été mieux traitée que les autres parties, le lecteur, pourvu qu'il ait quelque connaissance de l'histoire, s'en apercevra d'autant plus facilement, que les fautes en ce genre paraissent y avoir été multipliées exprès. Toutefois, et sans vouloir éluder sa critique, je le prie de se souvenir que cet ouvrage n'est qu'un improviste exécuté en *douze heures*, sans plan ni canevas !... Je me propose, avant de le faire réimprimer une seconde fois, de lui faire subir une immense correction, où j'aurai soin de ranger dans un ordre alphabétique et chronologique les hommes célèbres qui s'y trouvent nommés; et même de joindre à chacun de ceux que je croirai les moins populaires une note explicative de leur vie, leurs mœurs et leurs œuvres littéraires et scientifiques. Mais il est quelques noms, parmi ces noms fameux, en faveur desquels l'opinion publique est si bien prévenue, qu'il serait ridicule de ma part de ne pas faire connaître dans cette première édition, les motifs qui m'ont autorisé à en faire les héros de ce poëme; tel que l'astronome Galilée, par exemple, que bien des savans croient avoir été martyr du fanatisme inquisitorial, tandis que ce philosophe n'a été vraiment qu'un martyr de son ambition et de ses passions !...

J'avouerai néanmoins que personne n'a été plus que moi sensible aux prétendues injustices dont le comité inquisitorial s'était rendu coupable envers ce philosophe, et je serais peut-être encore à m'en consoler si un jour, en feuilletant dans l'une de nos plus anciennes bibliothèques, le hasard ne m'eût fixé les yeux sur un énorme bouquin presqu'âgé d'une demie antiquité, et portant le titre de *Notes historiques sur chacun des plus grands hommes du moyen âge*. Je l'interrogeais donc sur l'histoire peu véridique de quelques grands hommes, notamment de M. Galilée, et il me répondit, page 528, que ce philosophe avait effectivement été renfermé dans les prisons de l'inquisition, non pas pour avoir publié que la terre tournait autour du soleil, puisque deux astronomes l'avaient dit avant lui, mais bien pour avoir introduit dans le développement de son système des paradoxes tendant à altérer la pureté du dogme évangélique; et comme l'Espagne était alors en but aux novations de tous genres, son gouvernement cru devoir confier à une commission inquisitoriale le soin d'examiner la doctrine de Galilée, et cette commission, soit qu'elle se renfermât dans son mandat ou qu'elle outrepassât le cercle de ses attributions, fit enfermer Galilée dans une maison d'arrêt, d'où elle le fit sortir quelque temps après pour l'envoyer, non pas au bûcher, comme l'ont dit quelques imbéciles, mais pour jouir d'une liberté dont il se garda bien d'abuser depuis.

Voilà ce que j'ai lu sur le compte du philosophe Galilée, et ce personnage historique n'est pas le seul en faveur duquel l'opinion se soit égarée; de ce nombre se trouve encore le philosophe Licurgue, que bien des gens croient avoir été le plus philantrope des hommes, bien que l'humanité lui soit redevable d'une loi qui punissait du dernier supplice tout individu qui naissait coupable de quelques infirmités physiques ou morales!...

Quant à Sénèque et Cicéron, tout le monde sait que le premier fut précepteur du cruel Néron, et que les vices infâmes qui ont souillé d'une ignominie éternelle la mémoire de cet empereur sont attribués aux molles adulations du philosophe Sénèque. Pour ce qui concerne le prince des orateurs romains, lorsqu'on lui proposa d'affranchir les esclaves de l'empire, il répondit en pleine tribune que non seulement il désapprouvait ce projet comme très-

48 NOTES

impolitique, mais qu'il trouvait inouï que les législateurs de l'époque ignorassent les besoins de la société jusqu'à ne pas comprendre que le tiers des hommes naissaient pour servir d'esclaves aux autres !...

---

10 Tout ce dont je suis sûr, c'est que l'un sans culotte.

De toutes nos institutions modernes, la liberté de la presse est assurément celle qui nous fait le plus d'honneur; mais il faudrait que chacun de nous fût assez prudent et sage pour ne pas en abuser, sans quoi cette liberté deviendra le plus cruel ennemi de nos institutions sociales, et même le tombeau de notre belle patrie.

J'ai vu, il y a près de dix-huit mois, des colporteurs de librairie vendre, ou plutôt donner publiquement ces sales et dégoûtantes productions enfantées par l'esprit de vertige, et que l'administration déchue, malgré son idiote et flegme tolérance, avait cru devoir prohiber comme très-dangereuses.

Un de ces colporteurs, dont l'extérieur annonçait un tout autre personnage qu'un marchand de chansons, se présenta l'hiver dernier dans un café où je me trouvais à lire le Journal, et demanda si l'on voulait lui permettre de chanter quelques chansons de Béranger; après que cette faveur lui fût accordée, il chanta tout ce que Béranger avait fait de plus contraire aux mœurs et de subversif à l'ordre légal. Je fus tellement indigné de cette audace, que j'écrivis au crayon ces vers, que j'improvisai en moins de cinq minutes :

O vous qui colportez le vice abominable,
Troubadours corrupteurs dont la voix exécrable
Assassine à-la-fois le génie et les mœurs,
Fuyez de ma patrie ; allez chercher ailleurs

Un climat dont le ciel, recélant les orages,
N'a jamais enfanté que des peuples sauvages ;
Allez parmi ceux-là faire entendre des sons
Que publie Béranger dans ses sales chansons.

Puis je donnai ces vers à la personne qui se trouvait à côté de moi, et la priai de les faire circuler de main en main, afin qu'ils parvinssent jusqu'au chanteur.

---

11 Quand l'éloquent Bossuet, j'ignore à quel dessein.

Ce qui m'a suggéré la pensée d'établir ce singulier parallèle, fut une conversation où plusieurs personnes affichèrent leur ignorance, en soutenant le plus chaleureusement du monde que les discours de M. Benjamin-Constant pouvaient aller de pair avec les plus belles compositions oratoires de l'immortel Bossuet !!!

Un autre grand admirateur de tout ce qui tient aux doctrines modernes, soutint aussi, dans la même conversation, que le discours prononcé à la tribune des députés, en 1828, par M. Lafitte, était supérieur à tout ce que Cicéron avait fait de mieux ; et comme il se trouva dans cette réunion plusieurs personnes qui lui contestaient la justesse de cette assertion, l'apologiste du financier orateur crut s'en venger ou donner plus de poids à ses paroles en ajoutant que non seulement il était certain de ce qu'il avançait, mais que connaissant les talens politiques et littéraires de M. Lafitte, il était convaincu que son discours ne lui avait coûté que fort peu de travail. C'est vrai, répliquai-je; mais il a dû lui coûter beaucoup d'argent !...

Cette répartie fit fortune, et fut d'autant mieux applaudie qu'elle coïncidait avec l'opinion plus ou moins bien fondée, mais généralement reçue, que M. Lafitte avait acheté son discours pour de l'argent et quelques dîners.

¹² Duroy le terroriste et Merlin son confrère.

De tous les calomniateurs de Louis XVI, Merlin et Jagot sont peut-être les plus infâmes et les plus déhontés. Voici deux lettres qui justifieront ce que j'avance ; l'une est signée Merlin, et l'autre est signée Jagot et Merlin : elles sont écrites de Mayence, sous la date du 6 janvier ; les voici :

Mayence, ce 6 janvier.

« Citoyen président, quand la convention nationale nous char-
» gea de la mission importante de porter des secours et des conso-
» lations à nos braves frères d'armes, sur les bords glacés du Rhin,
» je n'ai pas cru que ce devoir que vous m'imposiez me privait du
» droit de faire connaître mon opinion et d'émettre mon vœu. Je
» ne pense pas que tant de longs et tumultueux débats sur le procès
» de Louis XVI. nous préparent les malheurs qui ont suivi la
» cruelle révision que vous vouliez lui faire grâce une seconde
» fois. Le criminel est devant vous ; vous convenez que le tyran
» détrôné n'est plus qu'un homme ordinaire pour lequel vous in-
» voquez la justice la plus rigoureuse ; vous avouez que ses forfaits
» sont prouvés, que Louis est un *nationicide,* et vous n'avez pas
» encore prononcé ! C'est au milieu des valeureux soldats que je
» vous écris ; ils s'étonnent qu'on mette en question si Louis doit
» périr, quand les lois positivent condamnent à la mort de sim-
» ples meurtriers. Quant à moi je pense que la convention peut
» punir le tyran, mais n'a pas le droit de le sauver. Moi, j'ai
» conservé celui de venger mes frères dont le sang a coulé sous les
» murs de la Bastille ; à Nancy, au Champs de Mars, dans les
» plaines de Châlons, etc., et ceux qui s'immolent tous les jours
» à la patrie sous mes yeux, et tombent en la défendant contre
» les despotes dont la cause est liée à celle de Capet. Je crois que
» la mort du tyran peut seule assurer la liberté et servir d'exem-

» ple aux autres rois et aux prétendus maîtres du monde, quoi-
» qu'en dise M. Burke. Je vote donc pour la peine de mort et la
» prompte exécution du jugement sans appel au peuple. Je de-
» mande qu'à l'appel nominal mon vœu soit compté.

» Signé : MERLIN ».

Extrait d'une autre lettre de Mayence, en date 6 janvier.

« Nous sommes entourés de morts et de blessés, c'est au nom
» de Louis Capet que les tyrans égorgent nos frères, et nous ap-
» prenons que Louis Capet vit encore !

» Signé : Jagot, Haussman, Rewbel, Merlin de Thionville ».

En voici une troisième :

« Nous apprenons par les papiers publics que la Convention
» Nationale doit prononcer demain sur le sort de Louis Capet ;
» privés de prendre part à vos délibérations, mais instruits par
» une lecture réfléchie des pièces imprimées et par la connaissance
» que chacun de nous avait acquise depuis long-temps des trahi-
» sons non interrompues de ce roi parjure, nous croyons que
» c'est un devoir pour tous les Députés d'annoncer leur opinion
» publiquement ; et que ce serait une lâcheté de profiter de notre
» éloignement pour nous soustraire à cette obligation.

» Nous déclarons donc que notre vœu est pour la condamna-
» tion de Louis Capet par la Convention Nationale sans appel au
» peuple.

» Nous proférons ce vœu dans la plus intime conviction, à
» cette distance des agitations où la vérité se montre sans mélange,
» et dans le voisinage du tyran piémontais.

» Signé : Jagot, Grégoire, Hérault, Simond. »

ERRATA.

Aux fautes littéraires qui caractérisent cet œuvre de douze heures, et qui sont presque toujours inévitables dans un improviste, est venu se joindre quelques fautes typographiques, les voici :

1°. Page 17, au premier hémistiche du vers 14°., lisez :

De *son* culte aboli releva les autels,

(et non pas : *Du culte aboli....*)

2°. Page 23, au premier hémistiche du vers 18°., lisez :

Osa contre les dieux déchaîner sa fureur,

(et non pas : contre les *deux.*)

3°. Page 25, au second hémistiche du vers 11°., lisez :

Si l'un regarde en haut, *l'autre voit la poussière,*

(et non pas : *dans la poussière.*)

4°. Page 30, au premier hémistiche du vers 14°., lisez :

Collin l'insidieux, *et Calvain* l'imposteur,

(et non pas : *Collius* l'insidieux, *Calvin* l'imposteur.)

5°. Page 35, au second hémistiche du vers 15°, lisez :

Là, sont tous ces héros de *fâcheuse* mémoire,

(et non pas : de *hideuse* mémoire.

www.ingramcontent.com/pod-product-compliance
Lightning Source LLC
LaVergne TN
LVHW022159080426
835511LV00008B/1460